気品のルール

加藤ゑみ子

練習
有氣質

加藤惠美子————著

王蘊潔————譯

在人生關鍵時刻，
展現優雅自信的魅力法則

練習有氣質

在人生關鍵時刻，展現優雅自信的魅力法則

| 目錄 |

優雅推薦

　　很多人以為氣質是天生命定的，但是，氣質其實可以透過後天練習培養。優雅的氣質和談吐，是令人無法忽視的魅力，對自己的人生有目標和要求，是開始的第一步。我最喜歡自己做著喜歡的事，充滿熱情地付出和投入，那是一種氣場，一種專注，一種令人著迷的態度。

　　一個人的氣質是由內而外散發出來，取決的關鍵從來不只是外表或是名牌穿搭，透過談吐、閱讀、行為舉止的各種練習，就是氣質女生養成必須要學的功課。氣質會幫你的個人形象增添品味和優雅。「氣質，就是穿在身上看得到，卻又摸不到的價值！」

──「空姐報報 Emily Post」版主　Emily

每個女人都希望一生能活得優雅，作者加藤惠美子寫下《練習有氣質》一書，將箇中關鍵傾囊相授，從眼神到儀態的外在細節，再到為人處世的應對，把每件日常小事做好，不疾不徐，就是走在氣質路上最好的練習。

　　活得有氣質，不只得修練個人，包括生活家居的細節都得講究，加藤惠美子提醒，氣質千金難買，需要時間培養，只要跟著此書有意識地練習，所有人都有機會實現自我之美。

──生活美學作家　吳娮翎

　　一個人的氣質，決定了別人對我們的感受，然而個性沉穩、姿態優雅的氣質也是可以靠練習來培養的，善用書中的方法，讓我們都可以成為別人口中的有氣質的人。良好的氣質成就了更美麗的我們，也帶給我們更美好的生活。從內到外漸漸地改變自己，改變別人，進而改變世界，讓這個世界變得更溫暖、更美好。

──音樂工作者　林宜融 Annie

序言

　　無論在談論藝術作品，還是討論人的容貌時，有氣質的藝術作品、有氣質的外貌都被視為一種高雅的美，讓人刮目相看。高雅的風範稱為氣質，這種洗練和乾淨俐落令人舒服自在，人格的價值也更高尚。不光是人，世上所有的生命、有形體和有空間的事物，世上萬物的高尚風範都稱為「氣質」，只要能夠具備這樣的氣質……。

　　和《名媛談吐速成講座》、《淑女的規則》一樣，本書的責任編輯基於個人期望企畫了本書，加藤惠美子女士不藏私地奉獻了她的私房寶典。氣質的培養無法速成，但是，我們很確定一件事，如果各位讀者希望未來能夠逐漸培養氣質，遵從本書的指示絕對是氣質之路的捷徑。歡迎進入氣質主義的新世界。

加藤惠美子
暨編輯部　干場弓子

氣質等級排行榜

你現在是什麼樣的氣質呢？

渾然天成型氣質

|外表特徵|
臉蛋未必標緻，卻是公認的美女。
渾身散發出一種難以靠近的毅然光芒。

|相處的感覺|
富有智慧，自在不矯情。個性率真，處事乾脆。

願望目標型氣質

|外表特徵|
中規中矩，有自己的時尚風格。

|相處的感覺|
和比自己厲害的人相處很緊張，
和朋友相處很隨興。

創造型氣質

|外表特徵|
讓人留下高雅美麗的印象。笑容很親切。

|相處的感覺|
沉默寡言。防衛心很強。

發展中的氣質

| 外表特徵 |
想要表現真實的自我，
覺得打扮是一件丟臉的事。

| 相處的感覺 |
努力想要設身處地為他人思考，
這種善解人意容易導致迷失自我。

自認與眾不同的氣質

|外表特徵|
一眼就可以看出當事人自我感覺良好，
認為自己與眾不同。

|相處的感覺|
自己是否有利可圖是人際關係的最高原則。

姿態有氣質

Rule 1

視線保持正視

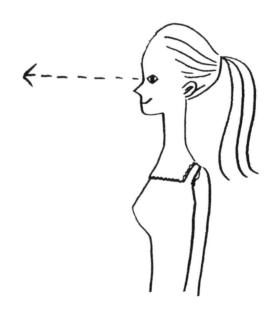

俗話說，眼睛是靈魂之窗，眼睛對氣質也極其重要。有些絕世美女，或是照理說該成為氣質榜樣的皇室公主，雖然具有魅力，卻缺乏品格，這種人百分之九十九的敗因都源自「眼神」。因為清澈、富有光采和溫柔的眼神，是氣質美女的首要條件。

怎樣才是有氣質的眼神？就是隨時隨地，無論看人或是看東西時，都要保持直視。直視就是讓視線和身體保持相同的方向，當身體和脖子同時面對視線的方向，舉手投足自然也會優雅動人。

轉頭斜眼側視，或是俯視、仰視都是「沒氣質」的眼神。看人時只轉動眼珠子，會讓眼神看起來很不友善，所以，除了護眼操時間以外，平時不要亂轉眼珠子。

正視也可以正確看清事物。正視他人或事物時，往往可以在剎那間獲得很多資訊。

如果對他人感到害怕，或是自己居心叵測時，往往無法正視他人。能夠用清澈的視線正視對方，就代表自己內心也很坦蕩清澈。

Rule 2

欣賞美好事物

欣賞美好的事物，是視線保持正視之外，培養「氣質眼神」的另一個祕訣。大自然是這個世界上最美好的事物，只是我們不可能每天都有機會欣賞極光或冰山，卻可以觀察庭院的樹木、行道樹、公園的植物、花園的鮮花和房間內的插花，欣賞身邊的大自然。

　　即便是一棵樹、一朵花，只要仔細觀察，不僅可以從枝葉和花朵上感受到大自然的規律，也會發現到底是不是自己喜歡的東西。

　　優秀的藝術也是值得一看的美好事物。多接觸優秀的繪畫、雕刻作品，就可以培養自己的眼光。因此，即使在心裡嘀咕「完全看不懂」，仍然要多接觸有助於淨化心靈的事物。

　　歌劇和能劇也一樣，很多人因為看不懂所以敬而遠之，但其實這些劇目的故事情節都很簡單，在觀賞時不必太在意細節，讓身體去體會那份感動。

　　多欣賞美好的事物，一定可以讓眼神更有層次，讓自己逐漸擁有美麗的眼神、銳利的眼神、溫柔的眼神等各種不同的眼神。這種訓練方式的速效性將超乎你的想像。

Rule 3

微笑，還是微笑

完成眼神的訓練之後，接著要訓練整體的表情。什麼是有氣質的表情？就是能夠展露自然的微笑，也就是具有皇室風範的微笑。見到對方時，能夠立刻露出極自然的微笑，對方就會在你身上感受到氣質，因而安心，對你展露笑顏。

　　五官漂亮的人的確比較占便宜，但漂亮的五官並不是優雅表情的必要條件和充分條件。相反地，對自己長相沒有自信的人，更需要勤練表情，也許反而在培養氣質這條路上找到了捷徑。

　　因此，一定要勤練習。不妨坐在鏡子前，發現自己最迷人的微笑。要注意觀察眼睛和嘴巴，兩者必須同時笑，無論眼笑嘴不笑，或是嘴笑眼不笑，都會變成不自然的表情。

　　嘴角保持微微上揚。如果嘴角向下垂，就會變成生氣或不滿的表情。

　　除了在鏡子前，或是遇見別人時要注意臉上的表情以外，獨處的時候，或是在搭電車時，也要對自己的表情負責，不妨讓腦海中浮現美麗的花卉、喜歡的顏色和令人心情愉快的風景。

　　但若發現周圍人看到你就立刻閃開，或是和你四目相接後垂下眼睛，迴避你的眼神，就代表你的微笑「很可怕」，趕快利用櫥窗玻璃或鏡子檢查一下吧！

Rule 4

不滿、憤怒，
只是表現出小市民的臉

有氣質的人當然也有煩惱，當然也會生氣，但是，在煩惱、生氣時，一個勁地埋怨：「為什麼我每次都這麼倒楣？」「為什麼這種事會發生在我頭上？」滿腦子只想著「我」、「我」，這種欲求不滿就會漸漸變成表情的一部分。

　　「我沒有錯，都是對方、社會的錯，我是受害者。」一旦經常批評、攻擊周圍的事物，不反求諸己，這種被害意識就會慢慢成為表情的一部分。

　　自我貶低、羨慕他人、凡事都要挑剔、猜測他人的心情、整天不愉快……這些都是和氣質背道而馳的行為，這種人稱為「小市民」。我們之所以能夠一眼就辨識出誰是小市民，就是因為那些人的小市民思考，漸漸讓他們的臉也變成了小市民的臉，隨著年齡的增長，小市民臉愈來愈明顯，去看看街頭巷尾那些中年婦女就知道了。

　　閱讀本書的讀者一定不想成為這種人，所以必須放棄小市民的思考。不要凡事都以自己為中心，站在對方的角度看事物也不失為一種方法，不要為小事抓狂是另一種方法。

　　這的確是知易行難的事。但是，既然知道了就要付諸行動，而且這麼努力不是為了當「好人」，而是為了讓自己成為有氣質的人，你願不願意努力嘗試？

Rule 5

背上有一對天使翅膀

一個人的姿態對氣質的影響勝於容貌。注意觀察一下周圍，你會發現一件神奇的事，一個人只要抬頭挺胸，渾身就會散發出高貴的氣質。相反地，一旦彎腰駝背，外表看起來立刻蒼老十歲，一副寒酸相，而且，對健康也有不利影響。

　　一旦有了良好的姿勢，不管穿什麼衣服都好看，所以，隨時提醒自己不要聳肩，伸長脖子，抬頭挺胸，同時，努力感受背上那對天使的翅膀（天使的翅膀長在肩胛骨上）。

　　如果自認脖子不夠長，為此感到不滿意，只要努力將脖子伸長，雙肩下垂，就可以在視覺上有增長效果（也有助於消除肩膀痠痛）。

　　隨時覺得自己背上有一對天使翅膀，隨時想到這對翅膀。天使的翅膀會讓你的姿勢變優美。

Rule 6

指尖要併攏，動作帶著弧度

除了抬頭挺胸，手和腳的動作也很重要，舉手投足決定了身體的表情。雖然天生腿長手長的人比較有利，但手腳的形狀和動作優美是兩碼事。

　　首先要牢記，指尖務必要併攏。除了靜止不動的時候，端茶、遞資料、接過別人遞來的東西、打開皮包和皮夾、拿東西……做任何動作時，指尖都要併攏，不要翹小拇指。

　　指尖併攏做任何動作時，都比手指張開或用力握緊時更不穩，於是，就會很自然地伸出另一隻手協助，而且，動作也會變慢……這才是理想動作。拿東西一定要用雙手，動作要緩慢而輕盈，這是氣質美女舉手投足的重點。

　　做任何動作都要帶有弧度，盡可能不要發出任何聲音，靜靜地、正確地完成每一個動作。一旦匆忙慌張，動作都會呈直線，而且會發出很大的聲音。

　　你會發現一件神奇的事，緩慢而正確的動作往往比倉促慌忙的動作更能夠迅速完成想做的事。

Rule 7

再累，坐下時也要雙腿併攏；
走路時，從腰部開始用力

養成指尖併攏的好習慣後，記得雙腳也要併攏，膝蓋靠在一起。當然，絕對不能翹二郎腿。

坐在椅子上時，雙腿微微向前伸，腳尖朝向視線的方向，有助於在視覺上讓雙腿顯得更修長。同時，別忘了，自己的背上有一對天使翅膀。

其次是走路的姿勢。走路時，千萬不要彎曲膝蓋，腰部用力，把腿伸向前方，感覺頭頂上有一股力量把自己往上拉。古代人都會把書本放在頭頂上，練習走一直線，雖然聽起來很古典，但這是基本的訓練方法。

這也是知易行難的事。雖然大家都知道正確的走路姿勢，但很多女人花容月貌、身材窈窕，衣著打扮也無可挑剔，走路的姿勢卻破壞了一切。走在路上，很少看到走路姿態優美的女人。

正因為如此，更值得自我訓練，因為只要走路姿態優美，別人光看一眼，就會對你留下深刻的印象。從今天開始的一個月時間，隨時注意改善自己的走路姿勢。

最理想的方法，就是學習舞蹈的基礎。有些人可能很幸運地學過芭蕾舞，如果從現在開始學，建議學習國標舞，即使變成七、八十歲的老太太，也能夠憑著具有舞蹈基礎的站姿展現綽約風姿。

Rule 8

加強肌力訓練勝於
體重控制

曾經有一個內行人告訴我，芭蕾舞者之所以看起來姿勢優美，並不是因為她們手臂和手指修長的關係，而是持續訓練手和手臂動作的結果。雙腿也一樣，雖然骨骼是天生的，無法改變，但只要鍛鍊適當的肌肉，就可以增加雙腿的美感。

　　不要再怪罪天生手腳的形狀不夠美，認為自己的外表不可能有氣質。從今天開始，可以徹底改變這個想法。

　　即使知道應該隨時抬頭挺胸，坐下時雙腿要併攏，但因為後背和雙腿的肌肉缺乏力量，所以容易覺得累，很快就恢復彎腰駝背的姿勢。

　　姿勢優美的人，不僅在相親、聯誼時會正襟危坐，平時坐在家裡的沙發上放鬆時也不會東倒西歪。正確地說，優美的姿勢才是她最輕鬆的姿勢。因此，必須鍛鍊背部肌力。

　　最有效的訓練就是用深蹲鍛鍊背肌和腹肌。一天只要三分鐘，至少持續一個月，你一定會發現自己身體的變化。走路、上下樓梯時，也視為鍛鍊美腿的運動，努力保持優美姿勢。事實上，想要讓自己外形看起來更美，改善姿勢比減肥更有效，也更輕鬆。

Rule 9

時尚不必依賴名牌

高級名牌精品在歐洲被視為身分地位的象徵。不知道該說是幸還是不幸，在日本，不光是有錢人，在普通的粉領族和學生身上也可以看到名牌精品，已經失去了用名牌精品作為身分地位象徵的意義。也就是說，使用名牌無妨，但無論是否使用名牌，別人都不會將之視為判斷品格的基準。

　　話說回來，如果內在相同，身穿昂貴的衣物當然比較好看。所以，很多人放棄努力改善自己的姿勢、表情，也不磨練自己的內在，靠一身名牌讓自己看起來像是「有氣質的女人」。

　　因此，依賴名牌，衣著花俏、矯揉造作，都是顯示對自己的品味和品格缺乏自信，但是，既然要依賴衣著，行為舉止也要配得上這些衣著。

　　請選擇優質而簡單的衣著，適合自己的衣著比花俏更重要。只有在平時穿著時磨練品味，努力提升日常生活的一切，才會知道什麼衣服適合自己。

談吐有氣質

Rule 10

說話的音量
只要對方能聽見就好

無論在電車上、服飾店或是參加派對時，只要聽一個人說話的聲音，就大致可以猜到說話者是什麼樣的人。無關談話的內容或是用字遣詞，從說話的聲音就可以想像那個人的長相。難道長相和聲音融為一體了嗎？

　　聲音的特徵和音質固然是判斷的基準，但最重要的是聲音的音量。那些人說話都是大嗓門，當用周圍人都可以聽到的音量說話時，不管內容如何，都顯得低俗。從另一個角度來說，不管音質、聲音的特徵如何，小聲說話是談吐有氣質的首要重點。

　　但是，如果小聲到連交談的對方都聽不到，就代表缺乏自信。有氣質的人會用只有談話對象能夠明確聽到的聲音說話。

　　想要談吐更有氣質，可以在談話時巧妙運用只有對方瞭解的詞彙、諺語、慣用語、比喻，即使不小心被別人聽到談話內容，別人也無法理解，也就不會造成其他人的困擾。

　　首先學習調節自己說話的音量，於是就會發現，說話緩慢、簡潔，即使不必拉高分貝，也可以明確傳達給對方。

Rule 11

嚴禁在公共場合激動喧譁

想要談吐有氣質，必須特別注意情緒激動時的說話音量。無論高興或受到驚嚇，人在情緒激動時，往往容易大聲說話。尤其和親朋好友聚在一起時，情緒一激動，就開始大聲喧嘩，忘記周圍還有其他人，這種行為顯得自己很沒氣質（但有危險狀況時，當然必須大聲通知）。

　　大嗓門的人不要遠距離交談，盡可能走到對方面前說話。在公共場合，即使是很熟識的朋友，說話時也要避免使用太隨便、太刺耳的詞彙。必須隨時謹守這個規則。

　　經常在路上看到母親大聲斥責小孩，遇到這種情況，遭到白眼的往往是母親。無論在訓斥小孩或是小狗時，小聲但嚴厲的語氣比大聲更有效。

Rule 12

見面和道別時
都要有禮貌地打招呼

一個人說話的用字遣詞，是衡量氣質程度的重要標準之一，在此必須強調一個重點，就是和別人見面、道別時，都要有禮貌地打招呼。

　　只要充分貫徹這個重點，即使談話的內容和用字遣詞有一點小問題，也會讓人誤以為「人不可貌相，沒想到這個人做事很有分寸」，至少不會讓對方留下不愉快的印象。

　　無論是第一次見面，或是久別重逢，以及每天見面的人，都要帶著「很高興見到你」的心情向對方打招呼，在說「很高興認識你」、「好久不見，最近好嗎？」和「早安」時，要口齒清晰地把每一個字說完整，才是有氣質的說話方法，如果再結合姿勢優美的鞠躬，就是一百分的表現。

　　道別時也一樣，向對方鞠躬時，真心誠意地說「今天很高興見到你」、「謝謝」，表達內心的感謝，簡單卻不失恭敬。

　　愈匆忙的時候愈要注意這些細節，即使和對方聊得不愉快，也不要忘記表達感謝。

Rule 13

談話必須尊重對方

擅長傾聽比擅長說話更重要，擅長讓對方開口說話，又比擅長傾聽更重要，如果能夠提出一些讓人想要回答、回答後心情很暢快的問題，這種人就是善解人意，讓人感到舒服。這才是談話有氣質的表現。

　　相反地，從頭到尾只顧著聊自己的事，只問一些自己有興趣的事，說話愈彬彬有禮，愈讓人懷疑品格有問題。

　　每個人都會試圖用各種方式讓對方知道自己比較優越。比方說，無視對方的要求，看似彬彬有禮，卻傲慢主張自己沒有疏失，試圖占上風的行為很常見。尤其是缺乏自信的人，愈容易有這種行為。

　　不可思議的是，不少人擁有財富、名聲和美貌，卻不斷向周圍人強調自己的優越。

　　這些人都和氣質完全無緣。面對這種人，不需要迎合，更不需要尊重，甚至根本沒必要和這種人說話。但是，千萬不能和對方競爭，否則，自己的品格也會遭到懷疑。

　　面對無法尊敬的人，除了客套話以外，沒什麼好多談的。這是最佳選擇。

Rule 14

刺耳的話，
就讓它們過耳即忘

有些看似人人稱羨的幸福女人，說話時也許彬彬有禮，但話中帶刺，或是貶低他人。傷腦筋的是，當事人往往完全沒有意識到這個問題，卻不知不覺地脫口說出帶刺的話。

　　這種時候，認真就輸了，特別是在自己缺乏自信的情況下，很容易受到傷害。即使自己充滿自信，向對方迎戰，也可能會淪落到和對方相同的水準。

　　如果不小心和這種人多聊了幾句，被捲入比客套話更深入的談話時，乾脆把耳朵關起來，既不要表示贊同，也不要否定對方，臉上更要表現出不為所動的表情。並不是每個人都能夠隨時做出機智的反擊，不要輕易嘗試。

　　只要能夠下意識地把耳朵關起來，就是很出色的反應。

Rule 15

勝於雄辯的沉默

即使對自己的談吐、教養和為人缺乏自信，仍然想要表現得有氣質，最有效的方法就是沉默。除非必要，不開口說任何廢話。沉默寡言，在適當的時候恰到好處地點到為止，就是最理想的做法。

通常會以為只要保持沉默，就可以顯得很有深度，但如果沉默時什麼都不思考，就會雙眼無神，顯得腦袋空空，明眼人一眼就可以看出破綻。所以，必須充滿熱忱地傾聽對方說話，在理解的基礎上附和。

擅長傾聽勝於雄辯，很少有人能夠真正做到沉默寡言，一開金口就是至理名言。不妨首先做到不說廢話，一旦開口，就要力求「簡短而正確」。

Rule 16

不要隨便踏進別人的私領域

除了說話帶刺、咄咄逼人之外,「踏進別人私領域」的談話也很沒有氣質。只有「三姑六婆」才會無視對方的心情,大剌剌地踏進他人的私領域,這人也就成為別人眼中「管閒事」的人。

但是,並不需要對所有「管閒事」的人都敬而遠之,遇到古道熱腸的善心人,不妨帶著感謝的心情相處。看到他人有難,正確瞭解原因,適時伸出援手並非管閒事。

愛管閒事又沒氣質的人最大特徵之一,就是基於好奇探聽他人隱私。如果你想要表示親切,瞭解對方的私事,首先必須逐漸和對方分享自己的私事,在對方主動開口之前,絕對不要打聽。

另一個典型,就是踏入對方的專業領域或角色中。當滿腦子只想到自己時,往往容易忘記對方是誰,不知不覺地踩進對方的領域而不自知。

Rule 17

君子說話，言責自負

無論再怎麼小心謹慎，仍然可能不慎說出失禮的、沒有說清楚的話，進而導致誤會或錯誤。遇到這種情況時，沒氣質的人反應都一樣——「我不是故意的。」「我沒有惡意。」「你太過分了，居然為這種事責怪我。」「這種小事根本不重要嘛！」……

　　有時候即使沒有把這些話說出口，內心或多或少都會用這些說詞把自己的行為正當合理化。這種被害意識、不滿的態度，或是因為惱羞成怒，進而表現出傲慢的姿態、表情和行為，將會讓你離氣質之路愈來愈遠……。

　　不重視說話的重要性，就會進而影響思考、行為和外表。想要成為氣質美女，不管自己有沒有惡意，無論自己是否有意，都必須對自己說的話負責任。言責自負不是對自己說話的意圖負責，而是要對「對方聽了之後有何感想」負起責任。

　　只要知道話一旦說出口，有時候自己並無法負起全責後，就會謹言慎行，減少因為大意、無意識，或不自覺的行為犯錯。

行為有氣質

Rule 18

別人請客吃飯，不可剩飯菜

你是否聽過曾經有朝臣或是王公貴族，即使淪落到街頭行乞，但從他拿筷子的方式，就可以看出他出身高貴之類的故事？一個人用餐所展現的禮儀和談吐一樣，不，甚至比談吐更能夠表現出一個人的氣質。

　　而最基本的用餐禮儀即別人請客吃飯時，飯菜絕對不可剩。受朋友或熟人招待吃飯時，通常基於禮貌，以及對下廚的人表示感謝，都會把飯菜吃完，但是去參加客戶招待，或是企業宣傳活動的自助宴時，很容易放鬆警惕，即使自己吃不完，也在餐盤裡裝了滿滿的食物。或是覺得反正其他人不認識自己，就完全不顧他人，只顧自己低頭猛吃。

　　這種情況往往是對一個人氣質的考驗。除非是自己付錢結帳，否則在取菜時，就要顧及周圍的人，不要一下子拿太多食物。

　　即使不小心拿到了自己不喜歡的食物，既然已經拿到自己盤子裡，就不能剩下。

Rule 19

動作緩慢而到位

想要表現氣質最有效的方法，就是動作緩慢而細心。說話要緩慢，鞠躬也緩慢，動作也緩慢。如前面LESSON 1〈姿態有氣質〉中所提到的，每一個動作盡可能帶著弧度，舉止就會從容不迫。

　　但是，緩慢並不是愈慢愈好。向來動作慢吞吞，平時常被人說慢郎中、拖拖拉拉的人，不需要進一步放慢速度，只要力求更精準、正確。只要能夠做到正確，即使速度稍微慢一點，最終還是能夠快速完成一件事。通常那些被罵慢郎中、拖拖拉拉的人，往往不僅動作緩慢，也缺乏正確性。

　　相反地，性急的人必須把速度放慢一倍，隨時提醒自己，慌張容易出差錯。說話的節奏也一樣。當然，無聊的廢話沒人想要慢慢聽，但是，重要的內容必須簡潔、精確、慢慢說。

Rule 20

愈是緊要關頭，
更需要冷靜沉著

除了用餐禮儀以外，發生緊急狀況或不尋常狀況時，也是對氣質的考驗。

平時舉止緩慢優雅的人，在緊要關頭比別人更激動、更慌張，代表這個人的氣質是裝出來的。愈是在緊要關頭，愈能夠展現日常生活態度。

真正的鎮定要在發生意想不到的狀況時發揮。平時努力修行，才能在緊要關頭處變不驚。

比方說，上下電車、進出電梯也可以成為一種練習。平時要經常思考，萬一發生意外，最先要做什麼事的思考練習也可以發揮作用。在關鍵時刻，身體就會很自然地付諸行動。理論上應該是這樣。

Rule 21

以對方為尊

只要受到盛情款待，受到他人尊重，任何人的行為舉止都能夠慢條斯理，也可以在別人面前表現出自己寬容的一面。問題在於沒有遭到這種對待的時候，自己不是被視為最重要人物時的反應，往往反映了真實的自己。

　　隨時希望自己比別人更優越，認為別人理所當然必須最重視自己的人，一旦沒有受到這種對待，就會極度不滿，根本無法察覺對方有不得已的苦衷。

　　無論受到任何方式的對待，都能夠聽從對方的安排，才是優質的處事態度。有氣質的人心裡很清楚，自己的價值並不會因為對方的態度而改變。

　　有氣質的人甚至會把良好的待遇轉讓給他人，而且會低調行事，不會大肆宣揚。

　　有時候會看到兩個人讓來讓去了半天，旁人往往覺得根本是把謙讓的行為當成作秀。謙讓應該低調，避免發生相互讓來讓去的狀況才是最高境界。

Rule 22

不貶低自我

隨時想要追求第一的心態，乍看之下似乎很有氣質，但其實是品格低下的「隱性小市民」。還有另一種人，只要稍微偏離自己熟悉的領域，就立刻像小貓一樣戰戰兢兢、緊張不已，和平時判若兩人，這種人是更容易辨別的小市民。

　　這種人會不會謙虛地尊敬他人？當然不會，他們只是試圖藉由自我貶低來保護自己，基本上和「隱性小市民」藉由貶低他人來保護自己優勢立場的做法沒什麼兩樣。

　　因此，過度謙虛而變成卑怯時，就跟傲慢的態度一樣，和氣質根本是兩回事。而且，人緊張的樣子有時候往往會顯得驕傲和盛氣凌人。

　　不必在意別人怎麼看自己，而是要站在自己希望給別人留下什麼印象的立場和他人相處，在提升自我的同時，讓對方也得到提升。在此基礎上謹慎應對，就可以成為氣質美女。

Rule 23

言而有信，遵守約定

有些人和別人相約見面，總是習慣性地遲到五分鐘、十分鐘；或是和別人約了吃飯、逛街，卻臨時通知「我突然有事，不能去了」之類。一個人會忘記或是無法遵守這些不怎麼重要的口頭約定，其中必有原因，絕對不是這個人隨興健忘，而是故意這麼做。當然，有時候可能只是無意識地做出這些行為。

　　因為這些人往往誤以為與其等別人，不如讓別人等自己，口頭約定只是客套話，不必認真。他們誤以為這樣可以讓自己顯得更有身分地位。

　　這當然是天大的謬見。無論再小的口頭約定，都要「說到做到」。即使對方忘記了，自己也要言出必行。這才是氣質美女應有的行為。

　　如果做不到，就不要輕易地和他人約定。因此，不妨把「不隨便和他人約定」也列為氣質美女的定義之一。

Rule 24

居家環境維持整齊清潔

有的人不費心布置家裡，東西亂扔、亂丟，也不打掃，居家環境簡直就像垃圾屋，但一走出家門，儼然就是貴婦。這種情況有可能發生嗎？

　　居家環境的動線也是一種美，生活在雜亂空間內，動作也會變得粗枝大葉，根本不可能優雅地緩緩用指尖畫出弧度。

　　而且，居住環境對人的情緒也會有很大的影響。長時間生活在缺乏協調感的雜亂房間內，人會變得富有攻擊性，或是充滿負面情緒。相反地，整齊清潔的漂亮環境可以帶來精神穩定的效果。

　　如果希望自己的容貌有氣質，請立刻清理家裡。家裡的布置不必豪華，只要地板、桌子、窗戶擦乾淨，再插上一枝花就足以讓居家環境清潔又美麗。

　　既然居家環境可以很自然地培養氣質，這不是很輕鬆的方法嗎？

Rule 25

只用有設計感的物品

人會受到環境的影響，環境也可以磨練一個人的品味。環境並非只有居家環境而已，除了桌子、沙發之類的傢俱以外，平時生活中所使用的餐具、文具、日常用品都會對一個人的氣質產生影響。

　　不用說，只有設計良好的優質物品才能培養氣質。怎麼樣算是設計優良的物品？就是整體具有協調感，有助於穩定使用者的心理狀態。相反的，缺乏協調感的空間和物品隨時隱藏著危險，導致使用者心理狀態無法穩定。

　　從小接觸設計優良的物品，就可以自然而然地瞭解什麼是富有協調感、設計優良的物品。不過，即使從現在開始接觸也不遲。

　　從今天開始，下定決心，即使只是一個咖啡杯、一枝筆，都要堅持使用富有協調感的優質物品，馬上把那些基於妥協而湊合著用的東西丟進垃圾桶。

　　挑選優質設計商品的最大祕訣，就是看似普通，卻很吸引人，形狀小巧，線條簡潔的物品。

精神有氣質

Rule 26

小事也要認真對待

即使只是打掃、整理房間、泡茶這麼稀鬆平常的事，有些人做起來特別有氣質。有沒有氣質，到底差在哪裡？

仔細觀察那些有氣質的人，就會發現他們即使是做日常生活中的瑣碎小事也都很認真。認真對待時，可以從中感受到真心，舉手投足就很細心、準確。

同時，也可以很自然地培養對優質物品、好設計的眼光。可能是因為他們隨時注意自己的行為，很自然地培養了協調的思考方式。

小擺設的放置位置、寫感謝函……從今天開始，認真對待這些在日常生活中被認為似乎不怎麼重要、容易忽略的事。幾個星期後，一定會發生變化。你會發現周圍人對你的態度漸漸不一樣了。

Rule 27

不執著

無論對食物、對物品，或是對立場主張，有自己的「執著」並不是壞事，但這種「執著」和氣質是兩件事。或許有人試圖藉由主張對特定優良的物品有所「執著」，讓其他人覺得自己是「非比尋常的一號人物」，但是，有一件事非常確定，那就是「這號人物」絕對不是「有氣質的人」。

　　對於興趣、物品的「執著」當然是一大問題，但還有更不能執著的事，那就是想要讓自己看起來更出色、自己的願望和自己的想法。

　　我就是這樣的人、我的想法就是這樣。貫徹這種立場與主張的人或許看起來很聰明、很堅強，但事實並非如此。仔細觀察那些強調「執著」的人就會發現，他們往往對自己缺乏自信，為了掩飾這種沒自信，才故意表現得自己很有原則。

　　希望自己可以像那個人一樣得到幸福，希望自己過這樣的人生。執著於這種願望，一旦有不同的人生、另一種幸福出現在自己面前，也往往會視而不見，一味追求無望的願望。這是很愚蠢、不幸的事，旁人往往無法理解。

　　只有具備從不同角度客觀觀察事物的知性，以及隨時可以自由改變自己的勇氣，才能夠讓他人感受到氣質。

Rule 28

對自己的幸福心存感恩

在前面的內容也曾經談到，如果身處優渥的環境仍然無法感到滿足，就容易表現出傲慢的態度和表情，或是經常有一些不滿的言行或表情，漸漸變成那個人的一部分。

不必在意自己沒有的東西，要把焦點集中在自己擁有什麼。不必在意別人怎麼想，不要整天和他人比較，從「自己怎麼想」這個角落去認識自己所擁有的，以及眼前所發生的狀況。

然後，要感謝自己擁有的幸福。面對不幸的事或不幸的狀況時，不要老是從主觀的觀點覺得：「為什麼我這麼倒楣？」不妨從客觀的觀點出發，認為：「原來也會發生這種事。」這才是真正的自信。

當然，這並非什麼新觀點，要真正做到也的確不容易。

即使自己臉蛋不夠漂亮，也想要成為一個美麗的女人；即使在今天以前，你是一個欲求不滿的人，如果你希望自己從今天開始成為一個有氣質的女人，絕對不會為時太晚。方法很簡單，只要從這個瞬間開始，將注意力放在自己所擁有的幸福上，並對此心存感恩。

Rule 29

人生要有課題和目標

舉止優雅、表情溫和、待人處事謙虛有禮……如果只從表面認識前面列舉的這些有關氣質的定義，就代表並不瞭解一個人的氣質來自內心。

　　大海看似平靜美麗，其實為了保持這種平靜和美麗，必須付出持續的努力。但這種努力並非自我約束，勉強自己假裝有氣質，而是必須隨時朝向目標不斷努力。不是腦袋空空、碌碌無為地過每一天，而是對生活、對人生擁有目標和課題。對人生的真摯態度可以培養一個人的氣質。

　　你在目前的生活中有什麼努力的課題嗎？

　　你的人生中，有沒有想要實現的目標？為了實現目標，付出了什麼努力？

　　無論何時何地，都不能迷失目標。如果你希望自己成為氣質美女，不妨在本書中發現自己的課題，在日常生活中加以實現。

　　任何微不足道的事都無妨。只要擁有目標和熱情，身體和頭腦就會持續發達。能不能持續燃燒內心的熱情，是決定未來人生的關鍵。

Rule 30

從利益主義
進化到氣質主義

具備不受他人和情勢影響的知識、判斷力和實力，即使手上掌握了權威，也不靠權威支配他人，隨時都保持簡單明確。這是一個自由的人最理想的狀態。但是，在現代社會中，即使是這樣的人也無法不隨時防範他人。

　　為了避免對他人造成困擾，必須靠自己的力量保護自己，但令人傷腦筋的是，大部分人不是保護自己，而是保護自己的利益。

　　自己的利益很容易和他人的利益發生衝突，想要保護自己利益的人，往往把所有的力量都投入在讓自己優先於他人這件事上。前面曾經提到的「小市民」行為，我通常稱之為「利益主義」。

　　大部分的人都追求利益主義，因此在人際關係中會產生許許多多的磨擦，就連「氣質」也淪為利益主義的工具。

　　不必一味追求利益。一旦拋開小我的利益，就可以從客觀的角度認識對方的言行和自己不幸的狀況，有助於看清事物的本質，也能夠產生自信和從容。

　　遠離小我，才能培養氣質。

當氣質面臨考驗時

1 境遇改變時

　　如果身處優渥的環境，精神愉快，周圍都是心地善良的人，在這種狀態下，任何人都可以表現得很有氣質。問題在於一旦失去了這樣的環境，人生跌入谷底時，如果整天怨嘆今不如昔，緬懷過去，憎恨目前的境遇……即使這個人出身再高貴（愈是出身高貴，愈是如此），這個人的氣質並非貨真價實。真正有氣質的人，即使境遇再怎麼變化，都能夠淡然處之；無論再怎麼落魄，甚至失去了一切，氣質仍然不會改變，仍然具有軒昂氣宇。

　　無論境遇如何改變，真正屬於自己的東西都不會消失。財力、權力和美貌終將消失，唯有氣質不會。

2 身陷不幸時

　　任何人都希望自己幸福，但是，通常我們對於幸福的認知，都是來自和他人之間的比較，所以，只有達到領悟境界的人，才能由衷為他人的幸福感到高興。也就是說，任何人看到比自己幸福的人，或多或少都會心生嫉妒。

　　因此，當自己面臨不幸時，不會遭受他人的嫉妒，這是多麼美好的幸福。不妨放棄追求幸福的夢想，把不幸視為理所當然。

　　所謂幸福，就是感謝目前所擁有的幸福，並不是「追求幸福」。只要不和他人比較，不追求比別人更幸福，就不會感到不幸。

　　有氣質的人和追求幸福無緣；只要有氣質，就不必追求幸福。

3 遭受敵意時

　　如果對方把自己視為有品格的人，用帶著敬意和親切的態度對待自己，任何人都能夠發揮品格，用相應的態度對待對方。反過來說，只要你把對方視為有品格的人，用親切的態度對待對方，對方就會表現出有氣質的態度，於是，雙方就可以建立相互提升氣質的關係。氣質就是靠這種方式相互提升，逐漸培養起來的。

　　很遺憾的是，有時候用謙虛的態度對待對方，對方反而得寸進尺，露出一副高高在上的態度。尤其是那些乍看之下「氣質高雅」的女人，常常屬於這種類型，很讓人頭痛（請參考本書開頭「氣質等級排行榜」中「自認與眾不同的氣質」），有時候甚至可以感受到她們的敵意。

　　這種情況下的敵意，往往會在見面瞬間，就感受到不友善的火花，也可能在納悶「她為什麼會說這種話？」之後，才發現那是敵意。

總之，當遇到對方的不友善對待時，正是對氣質的大考驗。個性好強的人會立刻展開反擊，酸言酸語地還擊對方，才感到痛快；個性溫和的人則覺得「退一步海闊天空」，只要忍一下就好。

　　當然，這兩種人都不算是有氣質的人，因為他們自我貶低到和對方相同的水準。有時候以為自己忍一下就好，但有可能會造成他人的困擾。

　　面對對方的敵意，採取溫和的無視態度，就可以避免降低自己的氣質。也就是說，不是刻意避開對方，而是面帶笑容地閉嘴，之後就敬而遠之。是否能夠以溫和的方式避開對方的敵意，避免和對方淪為相同的水準，也是你目前氣質水準的表現。

　　當對方表現出敵意時，也可能是針對你展現的敵意做出反應。善感的人往往會敏銳地感受到對方的敵意而做出反應。所以，遇到他人具有敵意的對待時，事後的反省也很重要。

4 身處陌生環境時

在自己熟悉的環境受到歡迎時，任何人都可以表現得落落大方。但是，去參加派對時，發現沒有人認識自己，自己也缺乏引以為傲的頭銜時，往往會感到不安，手足無措。於是，就覺得默默站著不說話，也是一種氣質的表現，事實卻並非如此……。

必須特別注意的是，即使當事人是因為緊張而沉默不語，但在旁人眼中往往以為是「傲慢、自以為了不起」的行為，也許是因為心生畏懼的眼神和傲慢的眼神很相似吧。

與其東張西望，尋找有沒有熟人，不如獨自觀察會場的擺設、喝茶，或是眺望庭院。決定做某一件事後，緩慢優雅地付諸行動。這才是有氣質的表現。即使別人主動找你說話，也不必感到緊張害怕。

5 發現遭到背叛時

遭到他人背叛時，也是對氣質的考驗。

永遠不要期待自己的朋友必定會保護自己。每個人都有自己的利害得失，即使對方沒有保護自己，也不能指責對方。

如果有人願意保護你，願意為你付出，不要忘記，對方這麼做有他的原因，你也因此欠了對方一份情。也就是說，下一次輪到你為對方付出。

必須清楚地認識到，任何人都必須靠自己保護自己，一旦有人願意保護自己，為自己付出，就必須牢記這份感激，這才是有骨氣的氣質。

6 感受到壓力時

當遭到他人的責備、承受壓力、遭受攻擊時，往往會反擊、辯解、為自己開脫、沮喪……雖然每個人面對的方式不同，但通常都會下意識地做出反應，還擊對方。

但是，無論用任何方法還擊，都不是有氣質的表現。如果能夠用輕鬆的態度說出機智的話，當然可以大快人心，只是這並非普通人能夠做到的，所以，不妨讓心情放輕鬆，撐過眼前的難關。

感受到壓力時，全身都會緊繃，無論身心都會緊張、僵硬。所以，首先深呼吸，放鬆身體的緊張，要徹底地放鬆，不要試圖還擊，這才是邁向氣質之路的第一步。

同時，要牢記一件事，在氣質滿分的狀態下，就不容易感到有壓力。

7 發生緊急狀況時

日常生活中，往往無法瞭解一個人真正的價值，或者說一個人的真心，只有在發生緊急狀況時才能看清楚。氣質也一樣。

即使平時以對方為尊，行為舉止很得體，一旦遇到緊急狀況，就開始推卸責任，避免火燒到自己身上，只想一個人脫身，因為心慌意亂，而失去冷靜的判斷能力，就會暴露出之前的「高雅」舉止都是演戲和偽裝，只是希望成為大家眼中的好人而已。

遇到最大的瓶頸時，如果能夠為他人的幸福和未來著想，即使必須承受汙名，或平時的行為舉止不夠得體，也足以證明這個人是真正有氣質。

8 不如人意時

當事情的發展無法盡如人意時，自己犯的錯引起了麻煩，或是被捲入麻煩，甚至是自己犯錯時，沒氣質的人往往會有以下的反應——他們不會說是自己的行為導致了這樣的結果，只說發生了這樣的狀況。他們並不是用這種方式告訴別人不想為此負責任，而是完全沒意識到是自己的責任。

於是，這種人隨時都會欲求不滿，從他臉上的表情完全看不到「氣質」這兩個字。

這種情況往往會發生在自卑心強，而且努力想要掩飾的人身上。這種人因為自卑心太強，完全無法接受自己犯錯。因為他們覺得一旦接受，就會失去自我。

氣質同時也是具備接受自己犯錯的堅強。

9 春風得意時

　　當事情的發展完全符合預期時，是不是任何人都可以表現得有氣質呢？答案是否定的。愈是自卑心強的人，一旦獲得成功，受到他人稱讚時，就會得意忘形。雖然自己還是以前的自己，卻萌生了自己與眾不同的意識，喪失了以前唯一堪稱優點的謙虛態度。久而久之，別人就會認清真相，出現負面評價，當事人就會走向自我毀滅之路。

　　這種人的自我評價往往都仰賴他人。自卑不是因為他人對自己的評價低，而是本身對自我評價太低造成的，卻試圖想要靠別人的評價來彌補，所以才會造成自己極大的痛苦。

　　無論別人怎麼評價自己，都要接納自己的價值。只有接納自己，才能謙虛地面對他人的評價，展現出落落大方的氣質。

10 面對眾人時

如果你誤以為有氣質就是矯揉造作，首先必須消除這種誤解。矯揉造作是試圖讓人以為自己比實際的自己更好，但愈是裝腔作勢，愈容易有被人看破手腳的危險。

本書討論了各種有氣質的行為和態度，這並不是要求各位在他人面前，或是重要的場合好好展現。本書介紹了培養氣質的各種訓練，並不是只有在別人面前才這麼做，而是要在日常生活中實施。

在眾人面前時，不妨拋開一切，表現真實的自我。如果日常的訓練有成果，就可以在「真實的自我」中感受到氣質。

即使努力想要在關鍵時刻手指併攏、坐下時雙腿併攏，嘴角隨時帶著笑容，但遇到本章介紹的各種意外或是緊急狀況時，所有的偽裝都會暴露，反而會讓

人覺得「又不是多重要的場合，這個人也太做作了」。

　　必須在日常生活的所有場合——無論在職場、家裡、一個人放鬆時，都要隨時訓練，在關鍵時刻，才能夠成為你真正的價值展現出來。

　　也就是說，如果想要矯揉造作，就在家裡盡情地裝模作樣。出現在別人面前時，就表現出真實的自己。獨處的時候，不妨假裝有人在看自己；真的有別人在觀察你的時候，反而要拋棄「別人正在看我」的意識。

　　於是，你就會發現自己的行為很糗，自己的氣質還停留在初級階段，但這些經驗可以變成自己成長的養分。

　　氣質之路還很漫長，祝福各位一路順暢。

你必須要有氣質的理由

1 因為口袋空空

日本的泡沫經濟崩潰至今已經數十年，日本仍然沒有走出看不到未來的黑暗隧道，媒體整天都悲觀地報導日本很快就會被踢出先進國家之列。但這真的是這麼令人悲觀的事嗎？是絕對要避免發生的事嗎？

日本這個國家，以及住在這片土地上的國民（除了一小部分人之外）都沒有財產，未來也不會有財產，日本人再度變得貧窮。但是，貧窮不是很適合日本人嗎？日本甘於貧窮，所以才美麗，回想二十世紀的戰爭就知道，當我們想要得到更多時，結果反而變得更貧窮。

如果你沒有財產，沒什麼高級品，也沒有購買這些高級品的財力，恭喜你，因為你正站在培養「氣質」的捷徑路口。

大部分人在擁有名牌精品、享受豪華料理的那一

刻，都會興奮不已；但是，從今天開始，忘記這一切，那些還在追求這些事的人，為了名牌、為了美食而大排長龍的人已經落伍了。

趕快把岌岌可危的自己拉回原來的軌道，重拾樸實快樂的生活。「氣質」並不是把名牌精品穿戴在身上，卻過著寒酸的日子，而是用心對待日常生活的每一個細節，滋潤每一天的生活。

如果目前擁有龐大的財產，而且能夠一輩子持續這樣的境遇，當然是莫大的幸福，但是，一旦目前的境遇發生了變化，即使整天哀嘆、埋怨也無法解決任何問題，反而會讓自己更悲慘。

人可以適應任何境遇，只是適應變化的境遇需要付出努力。氣質有助於我們適應降臨在自己身上的境遇。只要具有氣質，即使失去了財產，知性可以讓你接受境遇的變化。

2 因為自己不是潮流的寵兒

在當今的時代，感性比知性更受重視，個性又比感性更吃香，野心也比謙虛更受歡迎。在這樣的社會環境下，如果是缺乏個性，又缺乏與眾不同的才能，也沒有品味，不知道自己應該做什麼的人，又該怎麼辦才好呢？

這種「一無長處」的人，其實正站在「氣質之路」捷徑的路口。富有個性，有強烈的野心想要做這個，想要成為怎樣的人固然很不錯，也很有魅力，但很多時候，這種人往往和「氣質」無緣。

如果你知道自己無法成為某方面的長才，只是很希望自己也能夠像那些長才一樣，被人稱讚，但深知自己缺乏旺盛的鬥志和野心，既然這樣，為什麼要追隨潮流，拚命想要展現根本不存在的自我呢？

如果自己沒有偉大的夢想，不妨協助他人實現夢

想。只要觀察周圍，就會發現有很多人需要你的協助。

但是，有一件事必須特別注意，不可以暗藏想要藉由幫助他人，實現被他人稱讚的野心。有些人無視自己身邊的人的不幸，積極投入公益活動、公民運動。也有些人不顧他人的實際需求，按自己的方式去「幫助」他人。

這些人之所以會有這些行為，就是希望自己在別人眼中看起來比實際的自己更優秀，希望自己在別人眼中更出色，但是，虛偽早晚會被真相壓垮。

幫助他人，就是正確完成別人委託的事、別人指示的事，以及自己和別人的約定。必須拋開小我，真心誠意地完成這些事。同時，用正確的言語、行為對待他人。日積月累，就是對他人的幫助，培養最出色的「氣質」，有助於你成為氣質美女。

3 因為不受他人尊重

　　如果你總是躲在別人背後，如果你因為缺乏自信，總是跟著別人，如果你被沒什麼了不起的想法、嗓門卻特別大的人牽著鼻子走……如果你屬於這種類型的人，你需要的不是敢於在眾人面前表現的強勢，而是信念，要對自己的信念感到自豪。

　　很久以前，日本人雖然貧窮，但受到世界各地民眾的尊敬，因為日本有獨特的文化，日本人為自己身為日本人感到自豪，雖然溫和，但落落大方。如果你在國外，別人知道你是日本人而表示尊敬時，其實他們尊敬的是以前的日本人，尊敬的是我們在二十世紀失去的那些東西。

　　如今，日本人出國大肆血拼、走進高級餐廳、品嘗高級料理，的確對那些國家的經濟有很大的貢獻，卻絲毫沒有受到尊敬，甚至會有一些不愉快的經驗。但是，不能把這種現象完全歸咎於種族歧視和過去的

戰爭這些政治因素，因為這和我們在日本國內，在附近商店街受到的對待並沒有太大的差別。

我們缺乏建立在信念基礎上對他人的尊敬、關心和禮節，一旦缺乏，不同的人會因為性格不同，表現出強勢或是自卑的態度，兩者都和氣質相去甚遠。

不要唯我獨尊，也不要在人後當跟屁蟲，只要稍微關心一下周圍人，就可以成為很有禮貌的日本人，這也是氣質中很重要的一部分。

4 因為經常被人利用

　　如果你因為是個性溫柔、與人為善的好人而被人看輕，你不需要改正溫柔的性格，也不必放棄與人為善，向那些有強烈自我主張的人學習，而是要對自己充滿自信，進一步磨練自己的溫柔、與人為善。

　　因為與人為善而被認為是傻瓜的好人，和那些耍小聰明、格局很小的人，哪一種人能夠更快培養「氣質」？當然是與人為善的人。只要擴大與人為善的格局，進一步磨練、精進，別人就可以從你身上感受到氣質。

　　不要覺得自己當好人很吃虧，要對自己充滿信念，所謂「好人」就是人性的素質更高。即使有人因為你是好人而看輕你，他將會因為不願意承認是自己性格不好才輕視你，反而更襯托你的出色，你也會從那個瞬間開始散發出氣質。

溫柔也一樣。雖然溫柔的人看似脆弱，但其實是內心堅強的人。即使別人誤以為他們聽人擺佈，但其實是因為他們內心堅強，所以並沒有太放在心上，不要誤以為是因為溫柔而被人看輕。

　　溫柔不是性格的問題，而是知性的問題。在他人需要幫助時，在意自己的想法、利害得失，以及別人怎麼看自己這種事，絕對不是知性，而是格局很小的小聰明而已。這種小聰明的人即使發揮溫柔，也無法受到尊敬，只會遭人利用。所以，這種人才會覺得自己善待別人，卻反而吃了虧。

　　但是，沒有任何私心，而是發揮出由衷的溫柔時，才是充滿知性的溫柔，無論再怎麼溫柔，只要是充滿知性的溫柔，都不可能被人看輕。因為別人知道這種溫柔就是「氣質」。

5 因為沒有能夠深信或賴以為生的事物

　　大部分人都要依賴很多東西而活。有的人是金錢，有的人是學歷，有的人是出色的美貌，有的人是地位，有的人是信仰，有的人是富爸爸，有的人是好品味，有的人是好歌喉，有的人是打動人心的說話術……這些也可以稱為自尊、執著、自我。

　　但是，如果你沒有任何引以為傲的資質，代表你正邁向氣質養成的捷徑。因為即使沒有所謂的執著、既有觀念、各種裝飾品、利害得失等，氣質仍然存在，應該說，唯有擺脫這些東西，才能展現氣質。

　　一旦擁有什麼東西，就想持續擁有。一旦有了某種觀念，就會產生執著，為了保護這種觀念，凡事就會以自己的利害得失為優先。一旦想要保護自己的利益，不但會傷害他人，更容易做出錯誤的判斷。

　　擁有氣質，就是不必再拘泥於個人的利害得失。因為誰都知道，視錢如命的人所做的行為，和視金錢

如糞土的人相較之下，當然遜色許多。徒有財產、卻缺乏氣質的人，比不上沒有財產、卻有氣質的人所散發的光芒。

如果現在一無所有，想要有所信仰的人，不妨試著否定所有想要擁有的東西。比方說，不想成為有錢人，不希望只有自己一個人幸福，不希望成名，願望無法實現是理所當然的……。

那有什麼可以取而代之呢？如果想不到任何事，未免太消極了。比方說，想要成為一個心存感恩的人；想要成為一個捨棄小我、對他人有幫助的人；想要成為一個拋棄個人利益、尊重他人的人……。

與其試圖保護不確定的、可能會消失的東西，不如積極發現堅強的自己。喚醒你內心的氣質，進一步加以磨練，才能真正保護你。

後記

　　二十世紀是充滿殺戮和經濟至上的世紀，有人以宗教為名展開屠殺，大國以資本主義為名，為了本國利益欺壓弱小國家，使本國的經濟走向繁榮。這不是資本主義，而是利益主義。不光是經濟戰爭、宗教戰爭和民族紛爭而已，為了自己的利益，把垃圾丟去其他地方，浪費資源……世界各地的人都爭先恐後地讓追求自己利益的行為正當化。二十一世紀才剛拉開序幕，但如果這種狀況繼續發展，世界到底會變成什麼樣子？為了人類的未來，我們現在該做些什麼？

　　繼《名媛談吐速成講座》、《名媛規則》後，我帶著這個宏大而真切的心願和期待撰寫了本書。我們每個人都必須早日擺脫二十世紀的「利益主義」，讓二十一世紀成為「氣質主義」的時代，無論對個人的人生，還是全人類的幸福都有積極的意義。

　　即使不曾從這麼大的格局思考問題，進入新世紀後，以前曾經相信的幸福、成功和安全之路愈來愈看

不到前途，也漸漸隱約感受到學歷、大公司、頭銜、財產、金錢的價值等所有物質性的東西，在以後未必具有和現在相同的價值。

購買了曾經那麼憧憬的歐洲名牌精品後，會發現它們只是「物品」而已，即使擁有這些名牌，也無法提升自己的價值。曾經符合「三高」條件的丈夫，如今任職的公司財務出現了狀況……靠物質和經濟建立的夢想和幸福是多麼脆弱和虛幻。未來到底該相信什麼，到底該如何設計未來的人生……。

正因為面臨這樣的時代，身為一個人，必須具備堅不可摧的「氣質」。有形的事物早晚會崩潰、消失，但是，即使失去了一切，氣質仍然還在，任何人都無法奪走他人的氣質。「氣質」是日本人最後的堡壘。

因此，在「從有形到心靈」的系列作品中，本次

提到了很多無形的部分，雖然我努力讓本書內容富有
實踐性，但無可避免地，仍然有一些內容很抽象，可
能有不少讀者覺得知易行難。即使如此，我仍然很希
望能夠藉由此書傳達關於「氣質」的想法，以及散發
出氣質的行為。

身為設計師，隨時都嚴肅地思考產品設計中所展
現的氣質，日日夜夜都絞盡腦汁思考，如何才能讓自
己提案的空間有助於提升居住者的氣質，設計最能夠
反映設計師的氣質和品格。

如果有更多人能夠和我共同邁向氣質之路，在氣
質之路上，我將更有信心。

加藤惠美子

練習有氣質

在人生關鍵時刻，展現優雅自信的魅力法則

作者／加藤惠美子（加藤ゑみ子）
譯者／王蘊潔

責任編輯／陳嬿守
副主編／陳懿文
封面設計／兒日設計
行銷企劃／鍾曼靈
出版一部總編輯暨總監／王明雪

發行人／王榮文
出版發行／遠流出版事業股份有限公司
地址／104005 台北市中山北路一段 11 號 13 樓
電話／（02）2571-0297　傳真／（02）2571-0197　郵撥／0189456-1
著作權顧問／蕭雄淋律師

2014 年 6 月 1 日　初版一刷
2021 年 7 月 5 日　二版三刷

気品のルール　加藤ゑみ子
"KIHIN NO RULE" by Emiko Kato
Copyright © 2002 by Emiko Kato
Illustrations by Shizuka Ishizaka
Original Japanese edition published by Discover 21, Inc., Tokyo, Japan
Complex Chinese edition published by arrangement with Discover 21, Inc.
Complex Chinese translation copyright © 2014, 2020 by Yuan-Liou Publishing Co., Ltd.
All rights reserved.

遠流博識網 http://www.ylib.com E-mail: ylib@ylib.com
遠流粉絲團 https://www.facebook.com/ylibfans

國家圖書館出版品預行編目（CIP）資料

練習有氣質：在人生關鍵時刻，展現優雅自信的魅力
法則／加藤惠美子（加藤ゑみ子）著；王蘊潔譯.
-- 二版 . -- 臺北市：遠流 , 2020.05
　　面；　公分
　　ISBN 978-957-32-8759-9（平裝）

　1. 修身　2. 女性　3. 氣質

192.15　　　　　　　　　　　　　　　　109004449